社区税法知识读本

（第二版）

国家税收法律研究基地
中央财经大学税收教育研究所
编著

中国财经出版传媒集团
中国财政经济出版社

图书在版编目（CIP）数据

社区税法知识读本 / 国家税收法律研究基地，中央财经大学税收教育研究所编著. --2 版. --北京：中国财政经济出版社，2021.3

ISBN 978-7-5095-9720-0

Ⅰ.①社… Ⅱ.①国… ②中… Ⅲ.①税法-中国-青少年读物 Ⅳ.①D922.22-49

中国版本图书馆 CIP 数据核字（2020）第 044329 号

责任编辑：翁晓红　　　　责任校对：李　丽

封面设计：孙俪铭

社区税法知识读本（第二版）

SHEQU SHUIFA ZHISHI DUBEN

中国财政经济出版社 出版

URL：http：//www.cfeph.cn

E-mail：cfeph@cfeph.cn

社址：北京市海淀区阜成路甲 28 号　邮政编码：100142

营销中心电话：010-88191522

天猫网店：中国财政经济出版社旗舰店

网址：https：//zgczjjcbs.tmall.com

北京时捷印刷有限公司印刷　各地新华书店经销

成品尺寸：210mm×270mm　16 开　3.75 印张　67 000 字

2021 年 3 月第 2 版　2021 年 3 月北京第 1 次印刷

定价：20.00 元

ISBN 978-7-5095-9720-0

（图书出现印装问题，本社负责调换，电话：010-88190548）

本社质量投诉电话：010-88190744

打击盗版举报热线：010-88191661　QQ：2242791300

序

习近平主席指出：“社区在全面推进依法治国中具有不可或缺的地位和作用，要通过群众喜闻乐见的形式宣传普及宪法法律……”税法进社区、进家庭，是全面推进依法治国、普及税收法律知识、提高国民税收法律意识的重要内容；是进一步发挥税收法律制度在社会治理中的积极作用、培育社区居民税法遵从度的重要方面。

“民以食为天，国以税为本。”税收不仅是国家主要的财政收入来源，也是提升社区居民生活质量的重要保障。随处可见的社区学校、老年大学，各类免费开放的博物馆，为老年人、残疾人提供的社会保险等，凡此种种国家给予财政支持的设施及政策，都深刻体现了税收“取之于民，用之于民”的重要特性。《社区税法知识读本》通过生动易懂的小故事，讲述税收与社区居民生活息息相关的小故事，如养生保健、医疗服务、公共交通、创业就业、科技教育等，辅以知识链接，讲清楚税收对促进经济发展、社会稳定的作用，说明白税收与民生的道理，有助于社区居民对税收法治必要性和重要性的认识。

税法进社区、进家庭，教材建设很重要，而专门用于社区教育、适合社区居民学习的教材一直较为匮乏，这是社区教育的痛点和难点。随着社区教育的快速发展，对相关教材的需求也愈加明显，为此，国家税收法律研究基地与中央财经大学税收教育研究所组织专家、学者，在2018年编写出版《青少年税法知识读本系列丛书》（包括《学龄前儿童税法知识读本》《小学税法知识读本》《初中税法知识读本》《高中税法知识读本》《大学税法知识读本》）基础上，增加了《社区税法知识读本》，连同国家税收法律研究基地与石家庄职业技术学院社区税务学院共同编写的《宪法知识社区教育手册》《社区宪法读本》，逐步完善社区普法教育系列教材，为社区居民提供丰富的普法学习读本，给社区宪法和税法教育提供强有力的专业指导和良好的舆论环境。

郝如玉

2021 年 3 月

（注：作者为全国人大常委会第十一届、第十二届全国人大常委会常委、财经委员会副主任委员，国家税收法律研究基地首席专家，教授。）

目　录

一、税收与社区环境

（一）改革开放四十载——社区生活更美好

又是一年的九月，时光飞逝，小明已经高中毕业，要去外地上大学了。王奶奶把小孙子从小带到了大，终于可以享受享受自己的生活了。她决定回到乡下，见见那些老朋友，看看家乡的变化。

得知王奶奶回来了，第二天一大早，隔壁张奶奶就按响了门铃。王奶奶开了门，把张奶奶迎进来：“老张，起这么早啊？”张奶奶回道：“可不是嘛，可把你盼回来了！”王奶奶有点落寞地说：“我这也没啥事了，儿子闺女在城里上班，小孙子也上大学了，我一个人在家无聊啊，寻思回家乡看看你们。”张奶奶笑了笑，安慰她说：“我当什么事呢！走吧，咱也出去锻炼锻炼腿脚去。镇政府给咱们新建了一大片广场，可漂亮了，全天免费开放，咱这回可有地方跳广场舞了。楼上的老李、老赵昨天就去了，说可热闹了！”

王奶奶得知后很开心，一边收拾一边说道：“行啊！对门的林老太呢，要不你把她也叫上？”张奶奶看看门口的方向说：“老林去城里看病了，她年轻的时候去东北插队当知青，关节不太好，一到冬天就难受，现在医保全覆盖了，前两天让孩子接到省城看病去了。”张奶奶接着说道：“现在条件真好了，咱们年轻那会儿生病了不敢去看，看不起啊，现在真是不一样了！”王奶奶说：“就是就是，那咱快走吧。咱咋去啊？”张奶奶说：“离这不远，楼下就有公交站，这几年公交线路多了，虽然赶不上城里，但在咱这十里八乡也算四通八达的，可方便了！”张奶奶和王奶奶唱着歌离开了家：“当年的南泥湾，到处呀是荒山，没呀人烟。如今的南泥湾，与往年不一般不一呀般……”

【知识链接】

1. 根据《财政部、国家税务总局关于执行公共基础设施项目企业所得税优惠目录有关问题的通知》（财税〔2008〕46号）第一条第一款规定，企业从事《公共基础设施项目企业所得税优惠目录》内符合相关条件和技术标准及国家投资管理相关规定，于2008年1月1日后经批准的公共基础设施项目，其投资经营的所得，自该项目取得第一笔生产经营收入所属纳税年度起，第一年至第三年免征企业所得税，第四年至第六年减半征收企业所得税。

2. 根据《国务院关于整合城乡居民基本医疗保险制度的意见》（国发〔2016〕3号），整合城镇居民基本医疗保险和新型农村合作医疗两项制度，建立统一的城乡居民基本医疗保险制度，是推进医药卫生体制改革、实现城乡居民公平享有基本医疗保险权益、促进社会公平正义、增进人民福祉的重大举措，对促进城乡经济社会协调发展、全面建成小康社会具有重要意义。

（二）社区环境变更好——税收立功少不了

周末阳光明媚，王奶奶一大早便领着小孙子小明到社区休闲活动中心锻炼身体。小明开心地说：“奶奶，奶奶，你看我们社区的马奶奶也在那里呢，我们赶快过去吧！”说完便拉着奶奶的手往前走，“马奶奶好！”小明热情地打招呼。

“马大姐早呀，今天又这么早来锻炼啦！”王奶奶笑眯眯地说道。

马奶奶笑着回应：“是啊，我现在每天早上都来锻炼。最近咱们社区的环境是越来越好了，空气越来越清新，天也越来越蓝啰！”

“奶奶，马奶奶，我知道这是怎么回事。我爸爸告诉我了，咱们现在的环境变得这么好，是因为有环保税呢！”

“我的宝贝孙子，你真聪明，现在国家对于咱们的环境十分重视，对排放废气、废水等污染物的企业开征环保税之后，天更蓝了，水更清了，我也感觉自己越活越年轻了！”王奶奶摸了摸小明的头，开心地说道。

马奶奶也感慨道：“这环保税开征得好，对空气的改善、水的治理都有很好的作用。国家对我们生活的环境越来越重视，我们的生活也越来越好了。这都是环保税的功劳啊！”

【知识链接】

环保税：自 2018 年 1 月 1 日起施行的环境保护税是国家为了保护和改善环境，减少污染物排放，推进生态文明建设而开征的一个税种。环境保护税的征税对象为大气污染物、水污染物、固体废物和噪声，具体应税污染物依据《环境保护税法》所附“环境保护税目税额表”“应税污染物和当量值表”的规定执行。

根据环境保护相关法律法规的规定，大气污染物是指向大气排放，导致大气污染的物质；水污染物是指直接或者间接向水体排放的，能导致水体污染的物质；固体废物是指在生产、生活和其他活动中产生的丧失原有利用价值或者虽未丧失利用价值但被抛弃或者放弃的固态、半固态和置于容器中的气态的物品、物质以及法律行政法规规定纳入固体废物管理的物品、物质；噪声是指工业噪声，即在工业生产活动中使用固定设备时产生的超过国家规定的环境噪声排放标准、干扰周围生活环境的声音。

（三）节约使用每滴水——珍惜资源勿浪费

王奶奶每天最重要的事情就是按时给自己的儿孙们做饭，每当看到他们吃饭时狼吞虎咽的样子，王奶奶心里都乐开了花。饭后，洗碗的工作一般都是由她的儿孙们来完成。每次洗碗，水龙头都一直开着，大家也都习以为常。

最近，一则新闻引起了小明爸爸的注意：在河北率先实施水资源税改革试点的基础上，自 2017 年 12 月 1 日起扩充了 9 个省份（直辖市、自治区）作为水资源税改革试点地区。小明爸爸感到疑惑：水资源税和我们平时的生活用水有什么关系呢？通过上网查询才明白，原来之前我们日常生活用水的水价是由基本水价、水资源费、污水处理费三部分组成的，这次水资源税试点改革以税费平移为原则，把地表水和地下水纳入征税范围，实行从量定额计征；对高耗水行业、超计划用水以及在地下水超采地区取用地下水，适当提高税额标准；正常生产生活用水维持原有负担水平不变。扩大水资源税改革试点采取差别征税政策，既抑制不合理用水需求，又不影响社会基本用水需要，因此不会带来价格上的变动。小明爸爸对全家人说：“原来我们平时用的每一滴水中也包含着税收啊！以后一定要养成节约用水的好习惯。”

从此以后，小明家人每次使用水的时候都会格外注意，再也不会开着水龙头让水哗哗流了。如果看到家人长时间开着水龙头洗碗，小明和爸爸都会劝告他们节约用水，家人的节水意识都有了明显的提升。

【知识链接】

2016 年 5 月 10 日，财政部、国家税务总局联合对外发文《关于全面推进资源税改革的通知》（财税〔2016〕53 号）（以下简称《通知》），宣布自 2016 年 7 月 1 日起我国全面推进资源税改革。根据《通知》，我国将开展水资源税改革试点工作，并率先在河北试点，采取水资源费改税方式，将地表水和地下水纳入征税范围，实行从量定额计征，对高耗水行业、超计划用水以及在地下水超采地区取用地下水，适当提高税额标准，正常生产生活用水维持原有负担水平不变。在总结试点经验基础上，财政部、国家税务总局将选择其他地区逐步扩大试点范围，条件成熟后在全国推开。

2017 年 11 月 24 日，财政部、国家税务总局、水利部对外公布《扩大水资源税改革试点实施办法》（财税〔2017〕80 号），决定在河北省率先实施水资源税改革试点的基础上，自 2017 年 12 月 1 日起在北京、天津、山西、内蒙古、河南、山东、四川、陕西、宁夏 9 省（直辖市、自治区）扩大水资源税改革试点。

二、税收与衣食住行

（一）翻天覆地变化多——高铁出行真便捷

患病多时的王阿姨今天出院了，王阿姨一家人等这一天已经等了好久，早就准备好了美味的饭菜庆祝王阿姨的出院。王阿姨在饭桌前看到了早已工作并定居上海的外甥，惊讶地问："你工作不忙吗？从上海到北京应该很远吧？可别因为我耽误你的工作！"外甥笑着说："如果在以前，坐火车得十多个小时，坐飞机又费事，确实很折腾。但是现在开通了高铁，尤其是北京到上海开通了速度更快的‘复兴号’高铁，从我家里到您这边只需要四个半小时。”王阿姨感叹道：“原来是这样！我那么久没出门，都不知道现在国家发展得这么快了。”王阿姨的孙子这时说道：“我知道！我们老师在课上讲过，改革开放四十年来，我们国家能有现在这么好的发展，能造出那么多的高铁，很大程度上都是因为税收发挥的作用。”外甥点点头说道：“对啦，真聪明！税收是取之于民用之于民的。”

【知识链接】

1. 我国的税收是“取之于民”的，税收来自企业上缴的企业所得税、公民个人缴纳的个人所得税等。我国的税收也是“用之于民”的，税收被用于经济建设、国防建设、社会救济等。

2. 税收的作用：首先，税收是组织财政收入的重要形式，税收占我国财政收入的90%以上。其次，税收有调节经济的作用，根据《中华人民共和国企业所得税法》第二十七条规定，企业从事农、林、牧、渔业项目的所得，可以免征、减征企业所得税，这样可以鼓励投资者投资第一产业，促进产业之间的协调发展。再次，税收有实现经济监督的作用，如依据《中华人民共和国税收征收管理法》第五十四条、第五十五条规定，税务机关有权对经营单位的账簿、记账凭证、报表和有关资料进行检查，发现纳税人有逃避纳税义务行为的，可以对其采取税收保全措施或者强制执行措施。

（二）养老医疗有社保——取之于民用于民

王奶奶早上起床后，感觉身体不太舒服，于是在老伴和儿子的陪同下来到了医院。医生诊断病情后，给王奶奶开了药方，办理了相关手续，很快就有护士给王奶奶进行输液治疗。经过一上午的治疗，王奶奶的病情有了很大好转。

王奶奶的儿子说道："妈，你和我爸年纪也大了，这卡里有些钱，给你们平时看病买药用。"王奶奶笑着说："不用了，我们有医保卡呢！现在的医疗条件越来越好，国家为我们提供这么好的医疗保障，平时感冒发烧，可以用医保卡去药店买药，生病住院了，可以由医疗保险报销大部分费用，你就别担心了。"王奶奶的老伴李爷爷说："是啊，不仅看病能报销，国家现在每个月还给我们发放养老金，而且发得越来越多，也不用你们帮忙养老啰；小明也上学了，可以减轻你们好大的负担呢！这都得感谢国家的好政策啊！”儿子说道：“不仅如此，还有失业保险和生育保险可以保障我们的生活，不用因为换工作或者生育问题感到焦虑了，而且听说国家颁布了一个‘4050 社保补贴政策’，专门针对就业困难人群给予一定补贴，真是切实解决了咱们老百姓的大难题啊！”王奶奶笑着说：“是啊，想不到税收竟有如此大的作用，这就是取之于民，用之于民！”

【知识链接】

1. 我国社会保障资金主要由三部分组成：社会保险基金、全国社会保障基金、补充保障基金。由企业和个人缴费形成的社会保险基金是社保基金中最重要的一部分。根据《中华人民共和国社会保险法》第六十四条规定，社会保险基金包括基本养老保险基金、基本医疗保险基金、工伤保险基金、失业保险基金和生育保险基金。各项社会保险基金按照社会保险险种分别建账，分账核算，执行国家统一的会计制度。根据《中华人民共和国社会保险法》第七十一条规定，国家设立全国社会保障基金，由中央财政预算拨款以及国务院批准的其他方式筹集的资金构成，用于社会保障支出的补充、调剂。

2. “4050 社保补贴政策”是政府促进困难群体就业的一项重要措施，旨在为特殊历史时期形成的女性 40 岁以上、男性 50 岁以上的下岗协保失业等就业困难群体度身定制就业岗位，以市场化、社会化的运作机制，促进其就业。对于这类人群，政府会给予一定的补贴政策，社保补贴就是其中之一。

（三）餐厅吃饭需索票——不让老板税少缴

这一天，王奶奶迎来了她的66岁生日。全家人聚到一起，去餐厅为老人庆生。欢乐的聚餐结束后，小明和妈妈去结账。收银员说："您好，请问需要发票吗？不要的话，可以给您一瓶饮料。"小明听到后，边跳边叫："我要饮料，我要饮料！"小明妈妈轻轻拍了拍儿子的头，说道："要发票，谢谢您！""好的，那您发票抬头是写公司还是个人呢？写公司的话，请告诉我一下公司名称和纳税人识别号。""写个人就好，谢谢！"小明妈妈答道。

小明没有要到饮料有点失望，问妈妈："妈妈，为什么我们不要饮料呢？""如果你渴了，我们可以出去买一瓶水，但是我们不能为了一瓶饮料就放弃索要发票。”小明妈妈说着，蹲了下来，看着小明的眼睛问道：“宝贝，你知道为什么你可以去那么漂亮的校园上学吗？为什么我们家附近有那么美丽的公园呢？这都是依靠大家依法缴税才有的。如果我们不要发票的话，老板可能就会因此少算收入、少缴税。如果商家都少缴税，我们就没有美丽的校园、公园了。”“哦，要缴税，不要饮料要发票。”小明恍然大悟，连连点头。

【知识链接】

发票在我国社会经济活动中具有极其重要的意义和作用：

（1）发票具有合法性、真实性、统一性、及时性等特征，是最基本的会计原始凭证之一；

（2）发票是记录经济活动内容的载体，是财务管理的重要工具；

（3）发票是税务机关控制税源、征收税款的重要依据；

（4）发票是国家监督经济活动，维护经济秩序，保护国家财产安全的重要手段。

根据《中华人民共和国税收征收管理法》第二十一条规定，税务机关是发票的主管机关，负责发票印制、领购、开具、取得、保管、缴销的管理和监督。单位、个人在购销商品、提供或者接受经营服务以及从事其他经营活动中，应当按照规定开具、使用、取得发票。

（四）国家释放大红利——六项支出可扣除

时间过得很快，几年前还是襁褓中的婴儿、蹒跚学步的幼儿，一晃，王奶奶的孙子小明已经长大了，读完了幼儿园、学前班，马上要上小学了。全家人都为小明感到开心。

但是刚结婚不久的小明姑姑却有自己的担忧，对小明爸爸说："哥，养一个小孩是不是花费特别多啊！你看我工资也不高，我都怕我养不起了。"小明爸爸看着自己的妹妹说道："你没有注意到个人所得税改革吗？从 2019 年 1 月 1 日起，如果家里有正在接受教育的小孩，是可以进行专项扣除的；像咱俩赡养爸妈，也可以进行专项扣除；还有，你租房子可以扣除租金、我的房贷可以扣除房贷利息；而且如果你想多学点技能，继续教育的支出也是可以扣除的。”“这也太好了，正好我明年想参加国家司法考试呢！”小明姑姑兴奋地说。“那你拿到证书的那年就可以扣掉3600元的免税额了！”小明爸爸说，“个人所得税这六项专项附加扣除的新政策还有免征额的提高都大大减轻了我们这种普通家庭的压力，累进税率使赚得多的多缴税，赚得少的少缴税，通过调节高收入者来补贴生活困难的人，这样我们的社会就变得越来越公平，国家的发展也越来越好了！”

【知识链接】

根据2018年12月13日正式发布的《国务院关于印发个人所得税专项附加扣除暂行办法的通知》（以下简称《暂行办法》）第2条规定，个人所得税专项附加扣除，是指个人所得税法规定的子女教育、继续教育、大病医疗、住房贷款利息或者住房租金、赡养老人等6项专项附加扣除。

1. 子女教育专项附加扣除：根据《暂行办法》第5条规定，纳税人的子女接受全日制学历教育的相关支出，按照每个子女每月1000元的标准定额扣除。

学历教育包括义务教育（小学、初中教育），高中阶段教育（普通高中、中等职业、技工教育），高等教育（大学专科、大学本科、硕士研究生、博士研究生教育）。

年满3岁至小学入学前处于学前教育阶段的子女，按本条第一款规定执行。

2. 继续教育专项附加扣除：根据《暂行办法》第 8 条规定，纳税人在中国境内接受学历（学位）继续教育的支出，在学历（学位）教育期间按照每月 400 元定额扣除。同一学历（学位）继续教育的扣除期限不能超过 48 个月。纳税人接受技能人员职业资格继续教育、专业技术人员职业资格继续教育的支出，在取得相关证书的当年，按照 3600 元定额扣除。

3. 大病医疗专项附加扣除：根据《暂行办法》第 11 条规定，在一个纳税年度内，纳税人发生的与基本医保相关的医药费用支出，扣除医保报销后个人负担（指医保目录范围内的自付部分）累计超过 15000 元的部分，由纳税人在办理年度汇算清缴时，在 80000 元限额内据实扣除。

4. 住房贷款利息专项附加扣除：根据《暂行办法》第 14 条规定，纳税人本人或者配偶单独或者共同使用商业银行或者住房公积金个人住房贷款为本人或者其配偶购买中国境内住房，发生的首套住房贷款利息支出，在实际发生贷款利息的年度，按照每月 1000 元的标准定额扣除，扣除期限最长不超过 240 个月。纳税人只能享受一次首套住房贷款的利息扣除。

5. 住房租金专项附加扣除：根据《暂行办法》第 17 条规定，纳税人在主要工作城市没有自有住房而发生的住房租金支出，可以按照以下标准定额扣除：

“（一）直辖市、省会（首府）城市、计划单列市以及国务院确定的其他城市，扣除标准为每月 1500 元；

（二）除第一项所列城市以外，市辖区户籍人口超过 100 万的城市，扣除标准为每月 1100 元；市辖区户籍人口不超过 100 万的城市，扣除标准为每月 800 元。

纳税人的配偶在纳税人的主要工作城市有自有住房的，视同纳税人在主要工作城市有自有住房。”

6. 赡养老人专项附加扣除：根据《暂行办法》第 22 条规定，纳税人赡养一位及以上被赡养人的赡养支出，统一按照以下标准定额扣除：

“（一）纳税人为独生子女的，按照每月 2000 元的标准定额扣除；

（二）纳税人为非独生子女的，由其与兄弟姐妹分摊每月 2000 元的扣除额度，每人分摊的额度不能超过每月 1000 元。可以由赡养人均摊或者约定分摊，也可以由被赡养人指定分摊。”

（五）关爱老人税先行——养老服务有优惠

一个阳光明媚的上午，退休的王爷爷、李爷爷按照往常的习惯，聚在小区广场下象棋，这次旁边还多了位张大伯，他也是个出了名的象棋爱好者。时间没过多久，李爷爷就已经连输两局，心里不是滋味，闹着小情绪地说道："不下了，不下了！"王爷爷看到李爷爷委屈的样子，笑着调侃说："老李，这可不是你正常的水平啊，平时下棋你总是赢我呢！是不是有啥烦心事？""就是，心里有啥事就说出来，我俩帮你支支招。"在一旁的张大伯也劝说道。"哎，别提了，我这女儿啊，前天刚从国外回来，在家就待一天，昨天又'飞'走了。"李爷爷终于吐露出自己的烦心事。

听后，王爷爷和张大伯忍不住哈哈大笑。“哎呀，我还以为啥事呢！你看我那在英国的儿子，一年多了没回来，我这还不是天天乐呵呵的，日子过得挺自在。儿女啊，长大了就任由他们去吧！”王爷爷安慰道。李爷爷满脸惆怅地问道：“那你说我们再老些怎么办？”这时张大伯说道：“老李，这你就放心吧！我们一起住养老院。”王爷爷补充道：“对啊，你没看到这几年我们小区旁边开了好几家养老院吗！国家在政策上也很支持公共养老事业的发展，给予了很多税收优惠，减轻养老院的经营成本。现在的养老院不仅设施样样齐全，服务还周到，晚年生活你就别担心了。”听后，王爷爷心情平和许多，说道：“行，那住同一个养老院，到时候你们还陪我下棋！”

【知识链接】

1.《财政部　国家税务总局关于对老年服务机构有关税收政策问题的通知》（财税〔2000〕97号）规定，对政府部门和企事业单位、社会团体以及个人等社会力量投资兴办的福利性、非营利性的老年服务机构，暂免征收企业所得税，以及老年服务机构自用房产、土地、车船的房产税、城镇土地使用税、车船使用税。

本通知所称“老年服务机构”，是指专门为老年人提供生活照料、文化、护理、健身等多方面服务的福利性、非营利性的机构，主要包括：老年社会福利院，敬老院（养老院），老年服务中心，老年公寓（含老年护理院、康复中心、托老所）等。

2. 根据《财政部　税务总局关于明确养老机构免征增值税等政策的通知》（财税〔2019〕20号）规定，养老机构提供的养老服务免征增值税。

养老机构，是指依照民政部《养老机构设立许可办法》（民政部令第48号）设立并依法办理登记的为老年人提供集中居住和照料服务的各类养老机构；养老服务，是指上述养老机构按照民政部《养老机构管理办法》（民政部令第49号）的规定，为收住的老年人提供的生活照料、康复护理、精神慰藉、文化娱乐等服务。

（六）家庭新购小汽车——涉税知识知多少

今天是周日，小明一家来到汽车 4S 店准备换辆更宽敞更好的小汽车。在去 4S 店的路上，爸爸问小明：“小明，听说你们学校发了《税法知识读本》，那爸爸考考你啊，购买小汽车都与什么税相关呀？”小明摸了摸自己的小脑袋说道：“爸爸，我知道，我看的《税法知识读本》上写了，购买小汽车要缴车辆购置税。”小明爷爷笑着说道：“小明真棒，小汽车与车辆购置税有关。不仅如此，小汽车还与消费税相关呢！”“爷爷说得没错，小汽车的价格里面就包含了消费税，价格高的小汽车消费税更高。”“爸爸，那价格很高的小汽车是多高呀？”小明好奇地问道。“130 万元以上就是很高的价格了。咱们的小汽车需要去加油站加油，这里头也有消费税呢！”爸爸在一旁补充道。小明奶奶听了这番话发出了感慨：“税收真是无处不在啊！”小明也兴奋地说道：“税收真有趣！”

【知识链接】

1. 车辆购置税是对在境内购置规定车辆的单位和个人征收的一种税，它由车辆购置附加费演变而来。现行车辆购置税法的基本规范是从 2019 年 7 月 1 日起实施的《中华人民共和国车辆购置税法》。车辆购置税的纳税人是在中华人民共和国境内购置汽车、有轨电车、汽车挂车、排气量超过 150 毫升的摩托车 (统称“应税车辆”) 的单位和个人。

2. 消费税是在对货物普遍征收增值税的基础上，选择少数消费品再征收的一个税种，主要是为了调节产品结构，保证国家财政收入。现行消费税的基本规范是 2008 年修订、自 2009 年 1 月 1 日起施行的《中华人民共和国消费税暂行条例》。征收范围主要包括：烟，酒，鞭炮，焰火，高档化妆品，成品油，贵重首饰及珠宝玉石，高尔夫球及球具，高档手表，游艇，木制一次性筷子，实木地板，摩托车，小汽车，电池，涂料等；有的税目还进一步划分为若干子目。表 1 为小汽车消费税税率表。

表 1　　小汽车消费税税率表

征收消费税的小汽车子目	税率
1. 乘坐用车	
（1）气缸容量（排气量，下同）在 1.0 升（含 1.0 升）以下的	1%
（2）气缸容量在 1.0 升以上至 1.5 升（含 1.5 升）的	3%
（3）气缸容量在 1.5 升以上至 2.0 升（含 2.0 升）的	5%
（4）气缸容量在 2.0 升以上至 2.5 升（含 2.5 升）的	9%
（5）气缸容量在 2.5 升以上至 3.0 升（含 3.0 升）的	12%

续表

征收消费税的小汽车子目	税率
（6）气缸容量在3.0升以上至4.0升（含4.0升）的	25%
（7）气缸容量在4.0升以上的	40%
2. 中轻型商用客车	5%
3. 超豪华小汽车[每辆零售价格130万元(不含增值税)及以上的乘用车和中轻型商用客车]	10%（在零售环节加征）

（七）买卖房产涉税多——依法征收人为本

最近王奶奶的儿子想卖掉原来的住房，再购置一套新房，王奶奶四处咨询买卖房产的注意事项。王奶奶对儿子说:“买卖房产涉及很多手续，你要千万注意啊！”儿子笑着说道:“您放心吧，我已经咨询过了，不仅涉及的手续，就连涉税事项我也了解清楚了。”王奶奶说:“那买卖房产要缴挺多税吧！”儿子笑着说:“不是您想的那样，咱们国家税法有规定，个人将购买两年以上的住房对外销售是不收增值税的！我卖掉的房子已经超过两年了，正好可以享受这个税收优惠政策。”王奶奶一听特别高兴，笑着说:“是吗？那可真是个好消息！”儿子又说道:“不仅如此，买卖房产还涉及个人所得税、契税、印花税等多个税种，但国家在征收过程中都会给予一定的税收优惠，比如个人转让自用5年以上的家庭唯一住房也是免缴个人所得税的。”王奶奶笑着说：“国家税收为我们提供了许多公共服务、医疗服务和安全保障，几乎涵盖了生活的方方面面，还能时刻为百姓考虑，真正做到了征纳有度、以人为本啊！”

【知识链接】

转让二手房税收优惠政策：

1. 关于增值税：

（1）根据《财政部　国家税务总局关于全面推开营业税改征增值税试点的通知》（财税〔2016〕36号）附件3《营业税改征增值税试点过渡政策的规定》第5条规定：

北京市、上海市、广州市和深圳市：个人将购买不足2年的住房对外销售的，按照5%的征收率全额缴纳增值税；个人将购买2年以上（含2年）的非普通住房对外销售的，以销售收入减去购买住房价款后的差额按照5%的征收率缴纳增值税；个人将购买2年以上（含2年）的普通住房对外销售的，免征增值税。

北京市、上海市、广州市和深圳市之外的地区：个人将购买不足2年的住房对外销售的，按照5%的征收率全额缴纳增值税；个人将购买2年以上（含2年）的住房对外销售的，免征增值税。

（2）涉及家庭财产分割的个人无偿转让二手房免征增值税。家庭财产分割包括下列情形：离婚财产分割；无偿赠与配偶、父母、子女、祖父母、外祖父母、孙子女、外孙子女、兄弟姐妹；无偿赠与对其承担直接抚养或者赡养义务的抚养人或者赡养人；房屋产权所有人死亡，法定继承人、遗嘱继承人或者受遗赠人依法取得房屋产权。

2. 关于契税：

（1）对个人购买家庭唯一住房（家庭成员范围包括购房人、配偶以及未成年子女，下同），面积为 90 平方米及以下的，减按 1% 的税率征收契税；面积为 90 平方米以上的，减按 1.5% 的税率征收契税。

（2）对个人购买家庭第二套改善性住房，面积为 90 平方米及以下的，减按 1% 的税率征收契税；面积为 90 平方米以上的，减按 2% 的税率征收契税。

家庭第二套改善性住房是指已拥有一套住房的家庭购买的家庭第二套住房（北京市、上海市、广州市、深圳市不实施该项，采用当地规定的契税税率 3%）。

（3）纳税人申请享受税收优惠的，根据纳税人的申请或授权，由购房所在地的房地产主管部门出具纳税人家庭住房情况书面查询结果，并将查询结果和相关住房信息及时传递给税务机关。暂不具备查询条件而不能提供家庭住房查询结果的，纳税人应向税务机关提交家庭住房实有套数书面诚信保证，诚信保证不实的，属于虚假纳税申报，按照《中华人民共和国税收征收管理法》的有关规定处理，并将不诚信记录纳入个人征信系统。按照便民、高效原则，房地产主管部门应按规定及时出具纳税人家庭住房情况书面查询结果，税务机关应对纳税人提出的税收优惠申请限时办结。

（4）具体操作办法由各省、自治区、直辖市财政、税务、房地产主管部门共同制定。

3. 个人转让的房产属于商业用房。个人转让营业用房涉及增值税、城市维护建设税、教育费附加、土地增值税、印花税、个人所得税、契税。个人在转让营业用房时必须先按规定办理有关税收的征缴事项，才能办理房地产过户手续，即“先税后证”。

（八）引领社区新消费——电子商务需缴税

“双十一”过后，家里面堆了好多快递，王奶奶就问儿媳妇：“小雨啊，你怎么买这么多东西，都用得着吗？”“妈，我和您说啊，这‘双十一’东西可便宜了，我给家里添了点东西，正好单位也让我采购点物品，我就一起买了。”“那网上买的东西有发票吗？没发票单位可不给报销。”王奶奶急忙问。“妈，您放心！现在网上购物都可以开发票的，只要要求商家开发票，商家都会给开的。”说完，小雨就拿着一个快递拆开，里面附着一张发票：“妈，您看这就是我要求商家开的发票，其他快递里也附着发票，有单位要报销的，也有家里买东西的。就算不用报销，我也得让他们给我开发票，作为公民，我们有责任监督商家依法纳税。”

【知识链接】

发票是重要的商事凭证，及时索取发票对于保障纳税人的合法权益、监督经营者纳税行为具有重要作用。作为公民，无论在衣食住行等日常消费中，还是在购置大宗商品时，都应当主动索取发票。在索取发票过程中，消费者享有如下权利：

1. 消费者向商家支付消费款项时，经营者有义务为消费者现场开具发票，且不得变更消费项目和品名。经营者应根据自身经营情况向主管税务机关申请领用所需发票，税务机关按规定向纳税人提供保证其正常经营所需的发票种类和数量。

2. 如有任何商家以所领发票已用完、税务机关未提供发票、开票系统故障、消费金额未达到开票限额等理由拒绝开具发票，消费者可采用录音、录像、拍照等方式，保存消费凭据（如消费水单、购物小票等）和商家拒开发票的音像类证据，并进行投诉。

3. 在索取发票时，如果属于个人消费，不需要向商家提供身份证号码、住址、电话、开户行及账号等信息。如遇商家强制要求提供上述信息或者不提供就不开票的，可保存好相关证据并及时投诉。

4. 如遇商家出现上述拒开发票或发票开具不规范的行为，消费者可通过拨打 12366 纳税服务热线或主管税务机关电话进行投诉。

三、税收优惠政策知多少

（一）衣食住行方方面——税收收入保障足

一个阳光明媚的清晨，王奶奶领着孙子小明去上学，小明在路上疑惑地问奶奶：“奶奶，我们老师说我们每个人都要缴税，那我们两个人也要缴税吗？”王奶奶慈爱地说：“老师说得没错，我们每个人都要缴税，国家为了保证社会和谐稳定以及经济发展，会有方方面面的支出。这些钱从哪里来呢？主要就是通过税收来筹集国家需要的财政收入，通过税收形成的收入占比有 90% 左右，通过生活中的许多方面，例如衣、食、住、行为国家获取收入，这样国家才可以更好地进行我们的城市建设，等等。所以小明长大以后要做一个按时纳税、依法纳税的好公民，这样才是我们作为普通人爱党爱国的体现呢！”小明点了点头：“我明白啦，奶奶！我长大以后一定会依法纳税的。”“真是个好孩子！”奶奶摸着小明的头，开心地笑了。

【知识链接】

税收是国家取得财政收入最主要的形式。税收本身是笼统的概念，国家通过建立税收制度按时取得充足、准确的税收收入。税收制度是指国家以法律或法规的形式确定的各种课税方法的总称，属于上层建筑范畴，是政府税务机关向纳税人征税的法律依据，也是纳税人履行纳税义务的法律规范。从一般意义上说，税收制度是由税收主体、税收客体、税率和违章处置等要素构成的。我国目前有 18 个税种，具体包括增值税、消费税、企业所得税、个人所得税、城建税、烟叶税、关税、船舶吨税、房产税、城镇土地使用税、耕地占用税、契税、土地增值税、车辆购置税、车船税、环境保护税、资源税、印花税，从流转、所得、财产、资源以及特定行为各个方面为国家财政筹集收入。

（二）疫情来了不用慌——财政拨款来保障

“100、200、300……一共 360 块钱！”小明捧着存钱罐说，“爸爸，我要把这些钱全都捐到武汉去，为这次的抗击疫情贡献自己的力量！”

“小明长大了！”爸爸欣慰地看着小明。“可是我的钱太少了，万一这次疫情筹集不到足够的钱怎么办啊？”小明担忧地问。爸爸笑着向小明解释道：“国家给这次疫情拨了不少款呢，国家就像是一台精密的仪器，早就制订好了重大突发公共事件的应对方案了。”爸爸继续说道，“昨天新闻上说，国家已经拨款 665.3 亿元，用于疫情防控了。”

“啊，这么多钱？那这些钱都用到哪里去了呢？”小明继续问道。

“首先就是用在患者救治方面了。对于那些已经确诊的患者，他们的医疗费用全部由国家承担。第二是给那些过年期间还坚守在工作岗位的医生叔叔和阿姨发放补贴。第三部分，就是用在防疫物资方面，比如购买仪器、口罩、防护服等。”爸爸回答完，问道:“小明，你知道这些钱从哪来的吗？”

“我知道！”小明快速回答，“这些钱都是通过税收收上去的，税收是国家最重要的收入。”

“没错！”爸爸说，“依法纳税是公民的责任，也是义务，国家能够快速应对这次突发疫情，少不了我们纳税人平时的贡献。”

“我进入工作岗位之后一定会依法纳税的！”小明坚定地说。爸爸摸着小明的头，欣慰地笑了。

【知识链接】

1. 税收与其他分配方式相比，具有强制性、无偿性和固定性的特征。虽然税收没有直接返还给人民，但是税收是“用之于民”的，税收被用于经济建设、国防建设、社会救济等方面。税收占我国财政收入的90%以上，是我国财政的主要收入形式。

2.《财政部、卫生健康委联合发布通知积极落实疫情防控经费保障政策》明确：落实患者救治费用补助政策，对于确诊患者发生的医疗费用，在基本医保、大病保险、医疗救助等按规定支付后，个人负担部分由中央和地方财政给予补助。对参加防治工作的医务人员和防疫工作者发放临时性工作补助，中央财政按照规定的标准安排经费。此外，医疗卫生机构开展疫情防控工作所需的防护、诊断、治疗专用设备以及快速诊断试剂采购所需经费，由地方财政予以安排，中央财政视情予以补助。

（三）退休讲课做分享——劳务所得把税缴

王奶奶的老伴李爷爷退休前是一所大学的税收学教授。他讲课幽默风趣又深入浅出，总能把复杂难懂的税收学原理和现实结合起来，深受学生的喜爱。退休后李爷爷也闲不下来，仍然紧跟时事，坚持学习。李爷爷受一所大学邀请，每周为学生们做一次经济问题热点分享。李爷爷 2018 年 9 月份共做了 5 次分享，大学按月给李爷爷结算讲课费用共计 20000 元。

王奶奶看到银行发来的工资收入信息，却发现只收到了 16800 元，以为是学校发错了，要打电话去询问，被李爷爷拦了下来。李爷爷给王奶奶解释道："老伴呀，这个金额是正确的，我讲课一个月报酬是 20000

元，但是大学得按20%的税率帮我代扣代缴所得税。老伴儿，你自己算算看对不对？”王奶奶听完李爷爷的解释，立马笑开了，夸道：“老伴儿，你真厉害！没想到工资里面的税收学问真大呀！”“现在这么算，2019年可就要变了，像我这种劳务报酬所得要和稿酬、特许权使用费还有工资薪金合并起来一起算税喽！”李爷爷补充道。

【知识链接】

1. 劳务报酬所得的范围：根据《中华人民共和国个人所得税法实施条例》第8条，劳务报酬所得，是指个人从事设计、装潢、安装、制图、化验、测试、医疗、法律、会计、咨询、讲学、新闻、广播、翻译、审稿、书画、雕刻、影视、录音、录像、演出、表演、广告、展览、技术服务、介绍服务、经纪服务、代办服务以及其他劳务取得的所得。这些所得如果是以工资、薪金形式从其工作单位领取的，则属于工资、薪金所得，不属于劳务报酬所得。

2. 新个税法生效前的劳务报酬所得个税计算方法：

每次收入不超过4000元的，减除费用800元；4000元以上的，减除20%的费用，其余额为应纳税所得额。然后适用比例税率，税率为20%。但是对劳务报酬所得一次收入畸高的，实行加成征收（见表1）。

表 1　新个税法生效前的劳务报酬所得个税计算方法

级数	每次应纳税所得额	税率（%）	速算扣除数（元）
1	不超过 20000 元部分	20	0
2	超过 20000 元至 50000 元	30	2000
3	超过 50000 元	40	7000

此时，李爷爷的劳务报酬应纳所得税为：

（20000−20000×20%）×20%=3200（元）

3. 新个税法生效后的劳务报酬所得个税计算方法：

2018 年 8 月 31 日由全国人民代表大会常务委员会发布，于 2019 年 1 月 1 日生效的《中华人民共和国个人所得税法》,将原先分别计税的工资、薪金所得，劳务报酬所得，稿酬所得和特许权使用费所得进行综合征税。上述 4 项综合所得的基本减除费用标准提高到 5000 元 / 月（6 万元 / 年）。同时，劳务报酬所得、稿酬所得、特许权使用费所得以收入减除 20% 的费用后的余额为收入额。

此时，李爷爷就 20000 元劳务报酬所得应缴纳个税为：

（20000−20000×20%）×3%=480（元）

（四）残疾创业有保障——税收优惠知多少

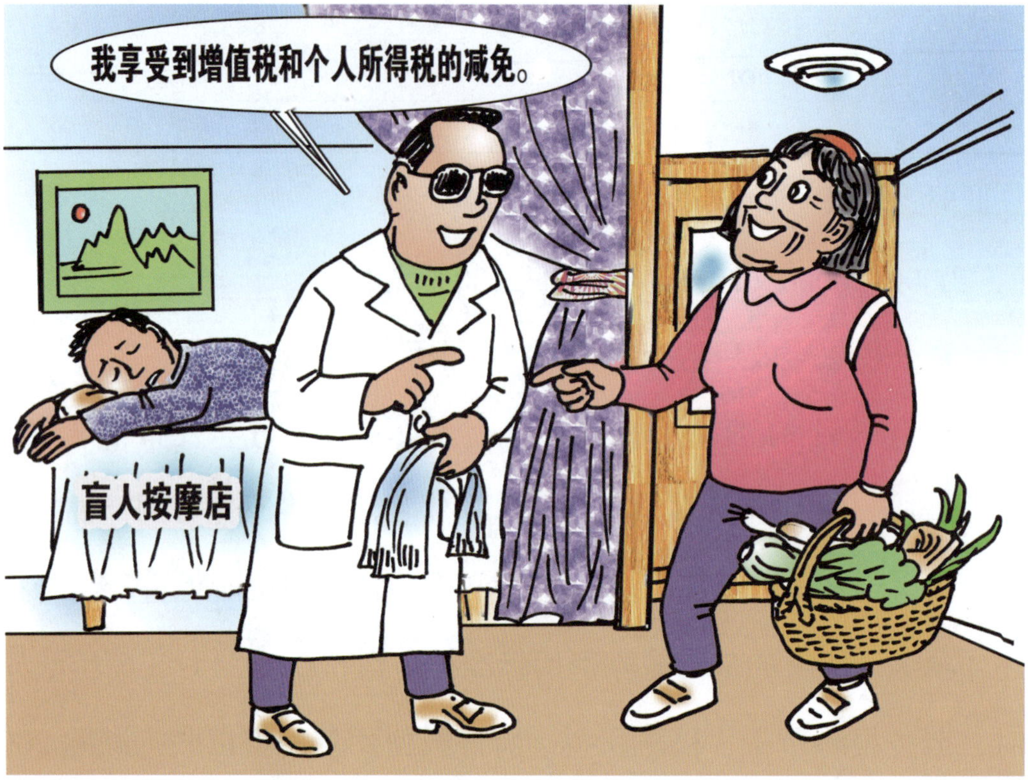

王奶奶的外甥小周前几年因为一场意外事故住进了医院，虽然脱离了生命危险，但不幸成了一个盲人。出院后，小周在王奶奶的鼓励下开了一家盲人按摩店。按摩店越办越好，声名远播。

王奶奶邻居的儿子小王在按摩店学习了一段时间的按摩手艺后，也想开一家小店，小周知道后很支持，说："我可以入股，解决你的资金问题。"小王担忧地说："我听王奶奶说，因为你身体情况特殊，所以国家有许多扶持政策，可以享受到增值税和个人所得税的减免优惠，而且还可以减免各种行政事业性收费，你开办的盲人按摩店之所以能发展得这么快，国家给予的减税优惠措施起到了很大的作用。如果我开店的话，税费一定很高吧！”小周哈哈一笑，说：“国家现在正在减税降费，给了小微企业特别大力的支持，所以你放心开店吧，税费不会高的！”小王感动地说：“谢谢哥，我一定不会忘记你给我的帮助！”

【知识链接】

1. 增值税相关优惠：

根据《关于扶持残疾人自主就业创业的意见》（残联发〔2018〕6 号）第三条“落实税收优惠和收费减免”：残疾人本人为社会提供的服务，按照《财政部　国家税务总局关于全面推开营业税改征增值税试点的通知》（财税〔2016〕36 号）有关规定免征增值税；残疾人个人提供的加工、修理修配劳务，按照《财政部　国家税务总局关于促进残疾人就业增值税优惠政策的通知》（财税〔2016〕52 号）有关规定免征增值税。残疾人个体就业或创办的企业，可按规定享受增值税优惠政策。

根据《财政部　税务总局关于实施小微企业普惠性税收减免政策的通知》（财税〔2019〕13 号）：为贯彻落实党中央、国务院决策部署，进一步支持小微企业发展，现就实施小微企业普惠性税收减免政策有关事项通知如下：

（1）对月销售额 10 万元以下（含本数）的增值税小规模纳税人，免征增值税。

（2）对小型微利企业年应纳税所得额不超过 100 万元的部分，减按 25% 计入应纳税所得额，按 20% 的税率缴纳企业所得税；对年应纳税所得额超过100万元但不超过300万元的部分，减按50%计入应纳税所得额，按20%的税率缴纳企业所得税。

上述小型微利企业是指从事国家非限制和禁止行业，且同时符合年度应纳税所得额不超过300万元、从业人数不超过300人、资产总额不超过5000万元三个条件的企业。

2. 企业所得税相关优惠：

对小型微利企业年应纳税所得额不超过100万元的部分，减按25%计入应纳税所得额，按20%的税率缴纳企业所得税；对年应纳税所得额超过100万元但不超过300万元的部分，减按50%计入应纳税所得额，按20%的税率缴纳企业所得税。

上述小型微利企业是指从事国家非限制和禁止行业，且同时符合年度应纳税所得额不超过300万元、从业人数不超过300人、资产总额不超过5000万元三个条件的企业。

残疾人创办的企业，符合小型微利企业条件的，按照《财政部 税务总局关于实施小微企业普惠性税收减免政策的通知》（财税〔2019〕13号）有关规定，对小型微利企业年应纳税所得额不超过100万元的部分，减按25%计入应纳税所得额，按20%的税率缴纳企业所得税；对年应纳税所得额超过100万元但不超过300万元的部分，减按50%计入应纳税所得额，按20%的税率缴纳企业所得税。

3. 个人所得税相关优惠：

对残疾人个人取得的劳动所得，根据《中华人民共和国个人所得税法》

和《中华人民共和国个人所得税法实施条例》有关规定，按照省、自治区、直辖市人民政府规定的减征幅度和期限减征个人所得税。

残疾人自主创业的税收优惠：对残疾人自主就业创业的，按照有关规定免收管理类、登记类和证照类等有关行政事业性收费和具有强制垄断性的经营性收费；征得行业协会商会同意，适当减免或降低会费及其他服务收费。生产经营困难的，可依法申请降低住房公积金缴存比例或缓缴，待效益好转后再提高缴存比例或补缴。

四、税收征管与纳税服务

（一）金税三期贡献大——税收征管现代化

时间如白驹过隙，小明去外地上大学也有两年了，一晃就到了小明放暑假的时间了，小明和爸爸妈妈一起回到乡下去看望奶奶，奶奶高兴坏了，做了一大桌子菜。当天傍晚，一家人围着电视其乐融融地吃着晚饭，电视播到了一则新闻：某某税务局运用金税三期系统破获一起虚开增值

税专用发票出口骗税大案，涉案金额高达 4 亿元。奶奶惊讶地说道："哎哟，这个金税三期这么厉害呢，竟然还能破案！"小明说道："当然啦，奶奶！金税三期是我们国家将大数据应用于税收征管的重要信息系统工程。""这个大数据是什么啊？小明，你在外面上了两年大学，给奶奶解释解释。"小明笑着说道："好啊，奶奶！我先问您个问题，您知道我国现在有多少个企业吗？""那得有好多好多，要有几百万家吧！"小明笑着摇了摇头："奶奶，您说少了，我国目前有大约两千万家企业，大数据能够分析、处理、利用这么多的企业信息，而将大数据技术应用于税收征管税务机关就可以检测到所有企业的涉税信息，对企业的纳税行为进行监测和管理，可以有效防止偷逃税的发生，也可以大幅提高税务机关的征管效率。"奶奶惊讶地说道："哎呀，那这个大数据可真是个好东西呢！"

【知识链接】

金税三期工程属国家级信息系统工程，是国家电子政务建设的重要组成部分。该系统融合了税收征管变革和技术创新，统一了全国税收征管应用系统版本，搭建了统一的纳税服务平台，实现了全国税收数据大集中，对于进一步规范全国税收执法，优化纳税服务，实现"降低税务机关征纳成本和执法风险，提高纳税人遵从度和满意度"的"两提高、两降低"的税收征管改革目标具有极其重要的意义。

（二）境外代购莫逃税——贪了便宜会犯罪

下班后，小明的姑姑冲到厨房，神神秘秘地从身后拿出一件东西："妈，母亲节快乐！这是我让做空姐的朋友从国外给您带来的保健品，听说效果不错。"王奶奶接过保健品左看右看，嘴上还埋怨着："你花这钱干啥？我身体硬朗着呢，用不着……哎，你这代购合不合法啊？没什么问题吧？"小明的姑姑很疑惑："这能有什么问题？"王奶奶用围裙把手一擦，拉着小明的姑姑坐到沙发上："今天在社区和张大妈聊天，她说自己朋友家的女儿是空姐，女儿从国外代购化妆品，没有申报纳税，罚款不说，还被判了刑。当父母的难受得不行，还没法子，谁让一家人都不懂法呢！我是怕你这个朋友对税法也不了解。"

听明白事情原委，小明的姑姑笑了："原来因为这个事情啊！我也听说了，她把从无申报通道携带回国的商品在淘宝店上卖，不但逃税，还犯了走私普通货物罪，的确是给我们敲响了警钟。不过您放心，我的空姐朋友告诉我，在此之前她已经好好研究过税法了，还说自己也要做一个合格的纳税人，为祖国建设贡献自己的一份力量。"王奶奶乐了："是啊，女儿给老妈买保健品是属于家庭的小孝行，人人依法纳税是对国家的大孝行。人人都道孝为先，纳税也该记心间。"

【知识链接】

个人代购与走私的区别在于有无偷逃关税，从海外购买回内地的物品如果超过免税额度的，需要向海关申报，并补足税款。伪报商品性质、低报商品价值以及入境不申报的行为均属于走私违法行为，而如果偷逃应缴税款在 10 万元以上，或者 1 年内因走私受到二次行政处罚后又走私的，将构成走私犯罪。

根据我国目前的政策，对"个人代购"一般征收行邮税。行邮税是行李和邮递物品进口税的简称，是专门适用于个人物品的税收征管措施，目的是照顾个人进口自用物品的合理需要，其中包含了进口环节的增值税和消费税，所以行邮税是对个人非贸易性入境物品征收的进口关税和进口工商税收的总称。

（三）偷逃税款万不可——身边案例敲警钟

今天是元宵节，小明一家人欢聚一堂。王奶奶煮好了汤圆，一家人还一起玩了猜灯谜。吃过晚饭后，大家坐在一起看电视新闻，正好在报导一位叫王某的网红明星因为偷逃税款被罚款5000万元，王奶奶很惊讶地对儿子说："这明星的本事那么大，竟然也会因为偷逃税被罚款呀？"儿子对王奶奶说："我们任何人都应当遵守国家税收法律的规定，王某少向税务机关申报自己所取得的报酬，想用这种方式逃避自己应该缴纳的税款，结果被税务机关发现了，所以才会被罚款。"王奶奶又说："明星们赚那么多钱怎么还想着违反法律偷逃税呢？"儿子笑着回答："人都有贪念。明星们赚得多，当然要缴更多的税，所以他们才会想尽办法偷逃税。"王奶奶感叹：“不管明星还是普通个人，法律面前人人平等，我们一定不能为了一己私利损害国家利益，决不能做偷逃税款这种违反法律的事。”

【知识链接】

1.《中华人民共和国税收征收管理法》第六十三条规定：“纳税人伪造、变造、隐匿、擅自销毁账簿、记账凭证，或者在账簿上多列支出或者不列、少列收入，或者经税务机关通知申报而拒不申报或者进行虚假的纳税申报，不缴或者少缴应纳税款的，是偷税。对纳税人偷税的，由税务机关追缴其不缴或者少缴的税款、滞纳金，并处不缴或者少缴的税款百分之五十以上五倍以下的罚款；构成犯罪的，依法追究刑事责任。

扣缴义务人采取前款所列手段，不缴或者少缴已扣、已收税款，由税务机关追缴其不缴或者少缴的税款、滞纳金，并处不缴或者少缴的税款百分之五十以上五倍以下的罚款；构成犯罪的，依法追究刑事责任。”

2.《中华人民共和国刑法》第二百零一条规定：“纳税人采取欺骗、隐瞒手段进行虚假纳税申报或者不申报，逃避缴纳税款数额较大并且占应纳税额百分之十以上的，处三年以下有期徒刑或者拘役，并处罚金；数额巨大并且占应纳税额百分之三十以上的，处三年以上七年以下有期徒刑，并处罚金。”“经税务机关依法下达追缴通知后，补缴应纳税款，缴纳滞纳金，已受行政处罚的，不予追究刑事责任；但是，五年内因逃避缴纳税款受过刑事处罚或者被税务机关给予二次以上行政处罚的除外。”

后 记

全面加强国民税法教育，提高国民税收法律意识，让税法进学校、进社区、进厂矿、进乡村、进家庭，是构筑具有中国特色社会主义民主法治国家的重要基石。《青少年税法知识读本系列丛书》于2018年3月由中国财政经济出版社出版，2019年3月出版了第二版，并新增了《社区税法知识读本》。本套书将人们的衣食住行、创业就业、养生保健、安居乐业中与税收息息相关的各种要素，通过故事融入日常生活、贯穿于人生成长与发展的各个阶段，将税收与社会、税收与生活、税收与人生相伴相行的道理说清楚、讲明白。本套书自出版以来，受到了社会的普遍关注和广泛好评，《初中税法知识读本（第二版）》和《高中税法知识读本（第二版）》已入选教育部2019年全国中小学图书馆（室）推荐书目。

受中国法学会财税法学研究会、中国税收教育研究会委托，中央财经大学税收教育研究所、税收筹划与法律研究中心会同中国社会科学院大学税务硕士教育中心、税收政策与治理研究中心等机构共同组成了本套书的第三次修订工作团队，以党的十九届四中全会精神和最新税收政策为导向，确定修订内容、具体分工及工作进度。中国社会科学院大学税务硕士教育中心学术导师李为人副教授，中央财经大学贾绍华、蔡昌教授，首都经贸大学丁芸教授，北京工商大学郝琳琳教授，财政部国际财经研究中心贾英姿副研究员全程谋划并参与了丛书的修订工作；中国社会科学院大学税务硕士教育中心2019级税务专业硕士研究生邢军震、王倩倩、李双莹、田雨、李艳红、王道庆、庞佳惠、高航、李婧，国家税务总局天长市税务局姜培忠、岑禹，中央财经大学税收教育研究所李旭分别参加了具体修订工作；山东省青岛市财政局唐志顺制作插图；贾绍华、李为人对书稿进行了审核定稿。

本套书集各方智慧，始得玉成。国家税务总局原副局长程法光、郝昭成，第十一届、第十二届全国人大常委会常委、财经委员会副主任郝如玉，中央财经大学学术委员会主任李俊生、副校长马海涛、税收教育研究所名誉所长贾绍华分别作序。高顿教育集团、晶澳科技、北京财税研究院、中国财政经济出版社对本书的出版给予了大力支持，在此表示衷心的感谢！本套书在修订过程中，肯定会有不尽如人意之处，需要不断更新理念，与时俱进。我们期待读者提出宝贵的意见和建议！

编者

2021年3月